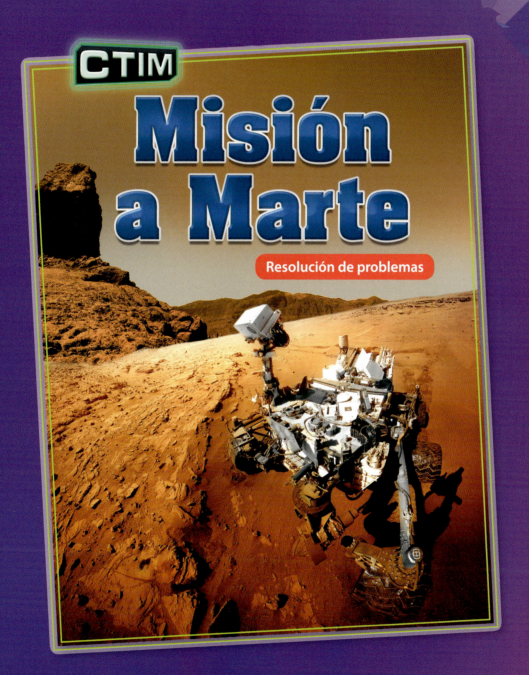

CTIM
Misión a Marte
Resolución de problemas

Rane Anderson

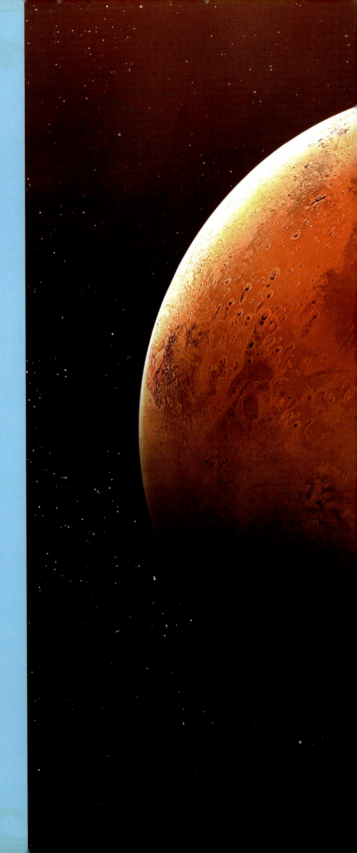

Asesoras

Michele Ogden, Ed.D
Directora, Irvine Unified School District

Jennifer Robertson, M.A.Ed.
Maestra, Huntington Beach City School District

Créditos de publicación

Rachelle Cracchiolo, M.S.Ed., *Editora comercial*
Conni Medina, M.A.Ed., *Gerente editorial*
Dona Herweck Rice, *Realizadora de la serie*
Emily R. Smith, M.A.Ed., *Realizadora de la serie*
Diana Kenney, M.A.Ed., NBCT, *Directora de contenido*
Stacy Monsman, M.A., *Editora*
Kevin Panter, *Diseñador gráfico*

Créditos de imágenes: págs.. 4-5, 25 (inferior) NASA/JPL/Cornell; pág. 5 Linda Moon/Shutterstock.com; págs. 6, 7 (superior e inferior), 15, 16, 17, 20-21, 21, 27 NASA; págs. 8, 25 (superior) NASA/JPL-Caltech/Univ. of Arizona; pág. 9 NASA/JPL-Caltech/MSSS; págs. 10-11, 16-17 NASA/JPL; págs. 12-13 Fotos gentileza de NASA/Regan Geeseman; pág. 14 Dave Mosher; pág. 18 NASA/JPL-Caltech/ESA/DLR/FU Berlin/MSSS; pág. 19 NASA/JPL-Caltech; pág. 22 NASA Photo/Alamy Stock Photo; pág. 23 (superior) Jim Olive/Polaris/Newscom, (inferior) Volker Steger/Science Source; págs. 24-25 NASA/JPL/Arizona State University, R. Luk; pág. 26 Image Source/Getty Images; pág. 28 Dava Newman/NASA/AFLO/Newscom; pág. 31 NASA/JSC; todas las demás imágenes de iStock y/o Shutterstock.

Teacher Created Materials

5301 Oceanus Drive
Huntington Beach, CA 92649-1030
http://www.tcmpub.com

ISBN 978-1-4258-2885-1

© 2018 Teacher Created Materials, Inc.
Made in China
Nordica.102017.CA21701218

Contenido

Destino: Marte 4

Prepararse para el despegue 6

Cohetes a Marte 14

En Marte 20

¿Señales de vida? 24

Cuenta regresiva a Marte 26

Resolución de problemas 28

Glosario 30

Índice 31

Soluciones 32

Destino: Marte

¿Qué se necesitará para enviar humanos a Marte de manera segura? ¿Y cómo harán para sobrevivir? Los científicos se han hecho estas preguntas por años. Todavía están tratando de responderlas. Después de todo, Marte es un lugar peligroso y mortal para los humanos.

Su **atmósfera** delgada permite que pase demasiada **radiación** del Sol. Eso podría enfermar a los humanos. Y la presión atmosférica en Marte es demasiado baja. Significa que los humanos que no usen traje espacial en el exterior se inflarían como un globo y morirían. Y esas son solo dos cosas que podrían salir mal. Viajar a Marte es muy peligroso.

Entonces, ¿para qué ir? ¡Hay tanto que aprender! Los científicos ya han comenzado a planificar el viaje. La NASA (Administración Nacional de Aeronáutica y del Espacio) quiere llevar humanos a Marte para la década de 2030. ¿Lo lograrán?

Marte

El astronauta Scott Kelly guarda fruta en la Estación Espacial Internacional.

Prepararse para el despegue

¿Cuál es la mejor manera de aprender sobre el espacio? ¡Vivir allí, por supuesto! Desde marzo del 2015 hasta marzo del 2016, dos **astronautas** hicieron eso precisamente. Scott Kelly y Mijaíl Kornienko vivieron en la **Estación Espacial Internacional** (EEI). Pasaron casi un año controlando su salud. Tomaron muestras de sangre y orina. Usaron una máquina de **ultrasonido** para controlar los ojos y el corazón.

El espacio es un lugar difícil. Los astronautas están expuestos a la radiación. Los músculos se debilitan. Y la dieta es restringida. Pero las personas creen que el tiempo en la EEI vale la pena. Los datos de esta misión de un año ayudarán a la NASA. La NASA tiene pensado usar la información obtenida para determinar cómo cuidar a los humanos en un viaje a Marte. La NASA espera poder mantener saludable a la tripulación a Marte por un largo tiempo. Debido a que el viaje a Marte es largo, ¡es algo crucial!

Mijaíl Kornienko

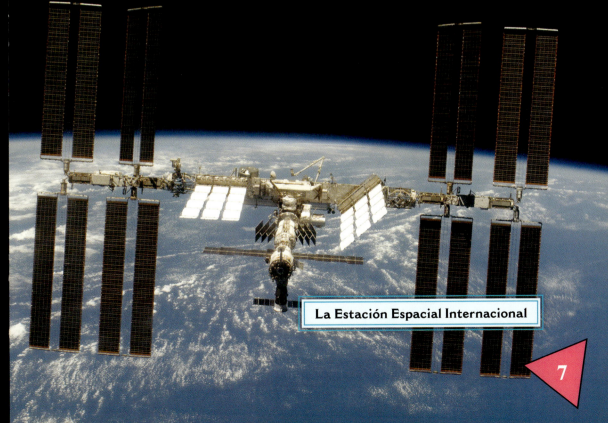
La Estación Espacial Internacional

Exploración con *rovers*

Los humanos aún no han llegado a Marte. Pero sí robots de la Tierra. Estas misiones les han enseñado mucho a los científicos sobre el planeta rojo. Los **rovers** de la NASA han explorado la superficie de Marte. Son como científicos robot. Los *rovers* reúnen información que ayuda a la NASA a planificar viajes futuros.

El *rover* sobre Marte más moderno es Curiosity. Llegó el 6 de agosto del 2012. Tiene muchas herramientas. Las herramientas le ayudan a recolectar datos sobre las rocas y el suelo. Hasta posee un brazo que puede sostener y mover las herramientas. ¡Y un láser que puede hacer hoyos a través de las rocas quemándolas!

Curiosity puede hacer muchas cosas. Pero aún así necesita que alguien lo controle. Los científicos deben indicarle qué hacer antes de que pueda realizar una tarea.

El camino amarillo muestra la ruta de Curiosity sobre la superficie de Marte.

EXPLOREMOS LAS MATEMÁTICAS

Si Curiosity puede trasladarse 200 metros por día, ¿cuántos días tardará en trasladarse 800 metros?

1. Escribe una ecuación para hallar la solución. Usa d para indicar los días que se trasladó.

2. Imagina que una de las ruedas de Curiosity está rota y no gira. Ahora solo puede trasladarse 100 metros por día. ¿Cuántos días tardará el *rover* en recorrer 800 metros? Escribe una ecuación para hallar la solución, y usa d para indicar los días que se trasladó.

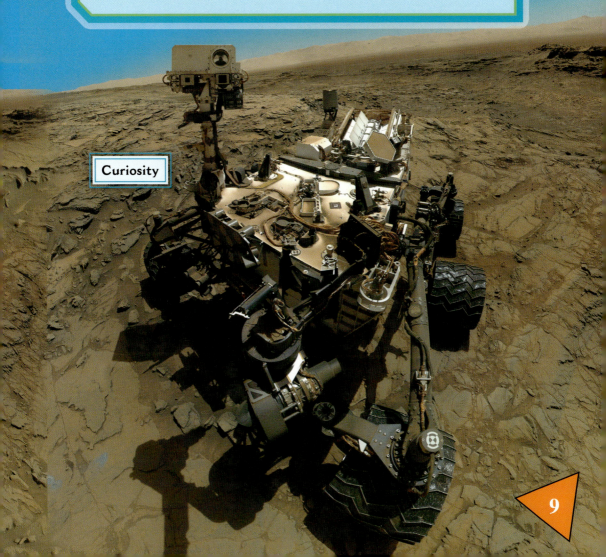

Curiosity

Hay ocasiones en las que la NASA pierde todo contacto con los *rovers* en Marte. Esto ocurre cuando la Tierra y Marte se encuentran en lados opuestos del Sol. ¡La pérdida de contacto puede durar más de un mes! Este es uno de los problemas sobre los que la NASA quiere saber más. Las personas de la NASA deben aprender cómo mantener el contacto con los *rovers*. Quieren asegurarse de que pueden hablar con la tripulación en todo momento una vez que llegue a Marte.

A partir del 2016, la NASA logró enviar señales al *rover* la mayor parte del tiempo. Y este le devolvió las señales. Pero aún hubo demoras de 3 a 22 minutos. Esa larga espera significó que no podrían hablar con la tripulación en tiempo real. En una emergencia, la tripulación en Marte estaría por sí sola durante un tiempo.

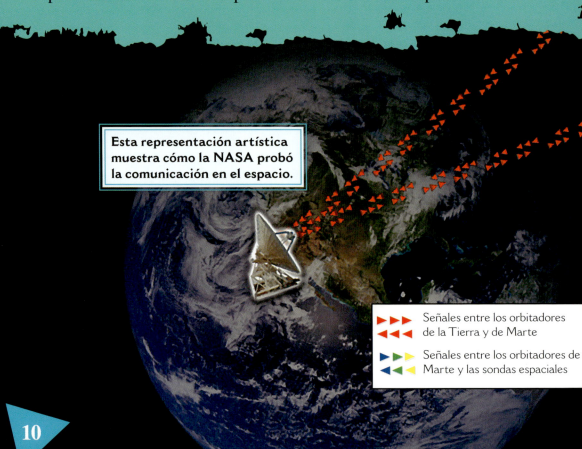

Esta representación artística muestra cómo la NASA probó la comunicación en el espacio.

▶▶▶ Señales entre los orbitadores
◀◀◀ de la Tierra y de Marte

▶▶▶ Señales entre los orbitadores de
◀◀◀ Marte y las sondas espaciales

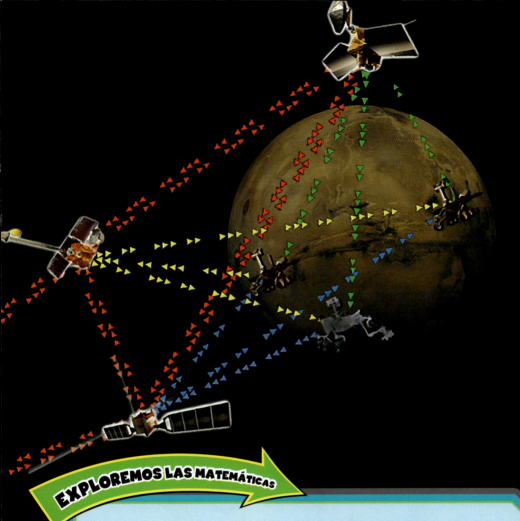

EXPLOREMOS LAS MATEMÁTICAS

Si enviar una señal de ida desde la Tierra hasta Marte tarda al menos 3 minutos, una señal de ida y vuelta tardaría 6 minutos.

1. ¿Cuánto tardaría enviar 6 señales de ida y vuelta?
2. Cuando Marte y la Tierra están en su punto más lejano uno del otro, tarda unas 7 veces más enviar las señales. En estas ecuaciones, t representa la cantidad de tiempo que tardará. ¿Qué ecuación puede usarse para representar el tiempo que tardará enviar 2 señales de ida y vuelta?

$$2 \times 6 \times 7 = t \qquad 2 \times 6 + t = 7$$

$$2 \times 6 \times t = 7 \qquad 2 \times 6 + 7 = t$$

Una geóloga examina muestras en el desierto con equipos que pueden usarse en el espacio.

Explorar lugares parecidos a Marte

Hay lugares en la Tierra donde no es fácil sobrevivir. Vivir en el Ártico puede ser tan difícil como vivir en los agobiantes desiertos calurosos. Lugares como estos pueden poner a prueba la fortaleza mental y física de una persona. La NASA sabe que estos pueden ser los mejores lugares para hacer investigaciones.

Una buena parte de la superficie de Marte posee enormes dunas arenosas. Los desiertos de Arizona también. Por eso un grupo de científicos de la NASA se mudó allí a un **análogo**. Un análogo es un refugio para vivir y trabajar. Tiene condiciones similares a las del espacio. Esto ayuda a preparar a las personas para ir a Marte. Los científicos también pueden usar los trajes y fingir que están en Marte. Pueden escalar las dunas y recoger muestras. Hasta pueden usar las mismas herramientas que tendrán en Marte.

EXPLOREMOS LAS MATEMÁTICAS

Imagina que la tripulación a Marte ha sembrado 11 plantas de guisantes en un invernadero en el desierto. Cada planta puede producir suficientes guisantes como para llenar 9 tazones. ¿Cuántos tazones de guisantes en total obtendrá la tripulación de su cosecha?

1. Calcula la cantidad de tazones de guisantes que la tripulación podrá llenar.
2. ¿Cuántos tazones se llenarán por completo? Usa tu cálculo para verificar si tu solución es razonable.

Cohetes a Marte

La Tierra y Marte se mueven según sus propias trayectorias alrededor del Sol. Estas trayectorias se llaman "órbitas" y tienen forma de **elipses**. La Tierra y Marte no siempre están a la misma distancia uno del otro. En su punto más cercano, Marte está a unos 34 millones de millas (55 millones de kilómetros) de la Tierra. ¡Eso es más de 4,000 veces el ancho de la Tierra! Así que el mejor momento para ir a Marte es cuando está lo más cerca posible.

Un viaje a Marte tarda alrededor de ocho meses. Eso es mucho tiempo. Por lo que la tripulación debe prepararse. La NASA debe asegurarse de que la tripulación tendrá suficiente agua para beber. El agua pesa mucho. La nave no podrá llevar toda el agua que necesitarán. Así que la NASA está probando maneras de hacer que la tripulación obtenga agua ¡de su orina y sudor! Deberían poder filtrar la mayor parte de estos fluidos para convertirlos en agua potable.

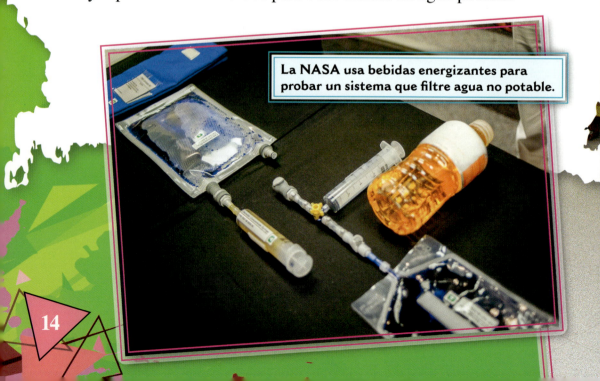

La NASA usa bebidas energizantes para probar un sistema que filtre agua no potable.

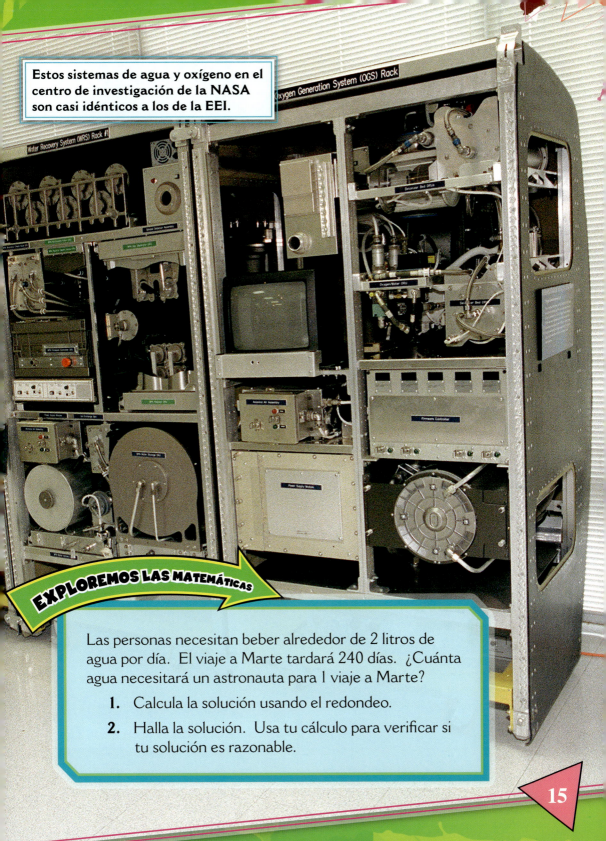

Estos sistemas de agua y oxígeno en el centro de investigación de la NASA son casi idénticos a los de la EEI.

EXPLOREMOS LAS MATEMÁTICAS

Las personas necesitan beber alrededor de 2 litros de agua por día. El viaje a Marte tardará 240 días. ¿Cuánta agua necesitará un astronauta para 1 viaje a Marte?

1. Calcula la solución usando el redondeo.
2. Halla la solución. Usa tu cálculo para verificar si tu solución es razonable.

La tripulación a Marte necesitará llevar mucha **carga** con ellos. Necesitarán alimentos, agua y herramientas. La tripulación dependerá completamente de lo que lleve. Después de todo, no podrán volver a la Tierra si olvidan algo. Pero la nave no puede llevar demasiado peso. Si pesa mucho, quizá los cohetes no tengan suficiente potencia para **impulsar** la nave al espacio.

Por esto, los científicos han ideado un plan. Organizarán la carga en grupos. Se enviarán los grupos de carga al espacio de a algunos por vez. Una vez que la carga llegue a Marte, será el turno de la tripulación.

Una nave de carga se acerca a la EEI.

Esta representación artística muestra cómo la NASA tiene pensado cultivar alimentos frescos en otros planetas.

Nadie se pone de acuerdo sobre dónde en Marte debería aterrizar la nave con la tripulación. Quieren que sea un lugar seguro. También quieren que sea un lugar donde puedan aprender lo más posible sobre Marte. Pero sobre todas las cosas, ¡quieren aterrizar en el lugar que elijan!

En el pasado, los *rovers* no aterrizaban en el lugar adecuado. En aquel tiempo, los científicos solo lograban que los *rovers* aterrizaran en una zona amplia. La zona podía tener hasta 500 mi cuadradas (1,300 km cuadrados). ¡Ese es el tamaño de Hong Kong! La tripulación de Marte no quiere aterrizar a cientos de millas de sus suministros. ¡Sería un desastre!

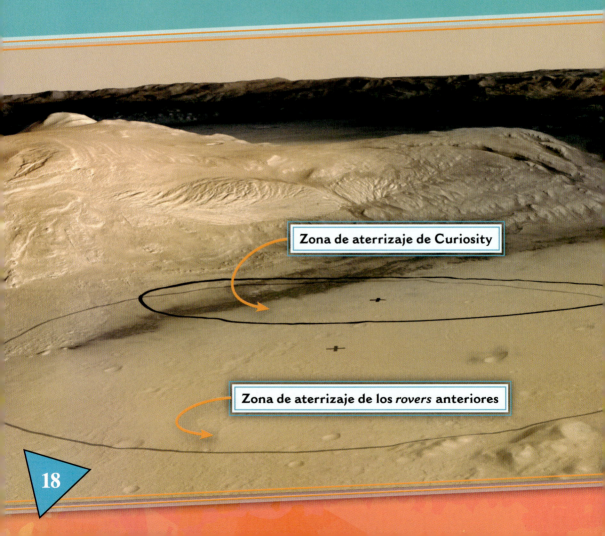

Zona de aterrizaje de Curiosity

Zona de aterrizaje de los *rovers* anteriores

Esta representación artística muestra cómo una grúa aérea ayudó a que Curiosity bajara a la superficie de Marte.

    Curiosity tenía una técnica de aterrizaje mejor. Era más exacta. La zona solo tenía 36 mi cuadradas (93 km cuadrados). Esto da esperanzas para el futuro. La tripulación de la nave podrá aterrizar cerca de sus suministros. Además, podrá aterrizar cerca de las cosas que la tripulación desea estudiar.

En Marte

Una vez que las personas lleguen a Marte necesitarán un lugar seguro donde vivir. Los científicos están tratando de crear un **hábitat**. Lo apodaron Hab. El Hab tendrá camas y duchas. También habrá un baño, una cocina y una sala para hacer ejercicio. Pero hasta los astronautas necesitan divertirse. En el Hab, podrán hablar, leer libros, ver películas y hasta tocar instrumentos musicales. Estas son cosas que las personas ya han hecho en otras misiones espaciales.

Las personas vivirán y trabajarán en el Hab. Así que tendrá partes reservadas para el trabajo. Una gran sala de almacenamiento mantendrá a salvo los equipos. El Hab también tendrá un laboratorio donde la tripulación podrá analizar lo que encuentre.

Unidad de Demostración de Hábitat

Habrá formas de llevar un seguimiento de las condiciones y de comunicarse fuera y dentro del Hab. Habrá un panel de control principal para contactar a la tripulación de la Tierra. Y las personas dentro del Hab podrán hablar con el equipo que esté trabajando afuera. Otro panel ayuda a controlar las condiciones en el Hab. ¿Hay alguna pérdida de oxígeno? ¿Está bien la presión de aire? El panel les avisará si surge algún problema.

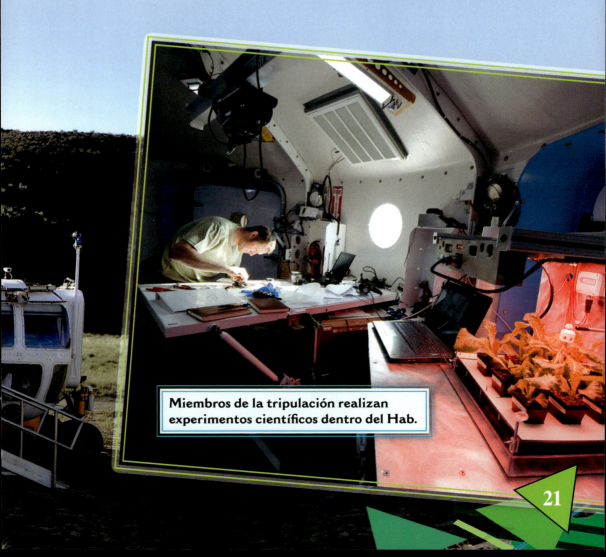

Miembros de la tripulación realizan experimentos científicos dentro del Hab.

Un nuevo traje

Mientras esté en Marte, la tripulación necesitará un tipo especial de traje espacial. En el pasado, los trajes espaciales eran grandes y abultados. Pero la tripulación de Marte deberá escalar, moverse y trabajar con herramientas durante horas. Los trajes tendrán que ser lo suficientemente resistentes para la vida en Marte. Pero también tendrán que permitir que las personas se muevan con facilidad.

La profesora Dava Newman pensó que podía ayudar. Ella y sus estudiantes trabajan y estudian en el Instituto Tecnológico de Massachusetts. Hicieron un traje nuevo para la NASA. Su BioSuit™ ayudará a la tripulación a trabajar al mismo tiempo que la protege. La NASA dice que el traje es como una "segunda piel". No es abultado como los trajes del pasado. En cambio, se comprime y amolda al cuerpo. La tela lo vuelve más confortable. La tripulación podrá moverse y trabajar más fácilmente.

Profesora Dava Newman

Newman prueba el BioSuit en un túnel de viento.

Una investigadora ajusta el BioSuit.

¿Señales de vida?

Los científicos quieren saber: ¿hay vida en Marte? Hasta ahora, los *rovers* no han hallado ninguna evidencia de vida en este planeta seco y polvoriento. Pero hay indicios de que en algún momento pudo haber fuentes de agua. Y donde hay agua, podría haber vida.

Las imágenes de Marte han mostrado enormes grietas en el lodo de su superficie. Las grietas pueden haberse formado después de que se secó un lago. Los científicos también han hallado arena y tierra dentro de un cráter. ¿Los habrá llevado el agua hasta ahí? Los científicos ven manchas oscuras en las imágenes tomadas durante las estaciones más cálidas. Esas mismas manchas desaparecen en las imágenes tomadas durante las estaciones más frías. Los científicos creen que esas manchas podrían ser agua que se derrite y congela.

Las futuras tripulaciones a Marte investigarán estos indicios. Continuarán buscando agua. Si la encuentran, es posible que también encuentren señales de vida.

Las manchas oscuras en la base del cráter Hale podrían ser señales de agua (se agregó color a las imágenes con fines de identificación).

Las "rocas" con forma de esfera en esta imagen de Marte podrían haberse formado con sedimento húmedo (coloreadas en azul para su fácil identificación).

Cuenta regresiva a Marte

Entonces, ¿quién irá a Marte? Hay adultos que ya se están postulando. Pero son los niños de hoy quienes podrían ser los mejores **candidatos** para un viaje futuro. Los niños que deseen ir a Marte necesitan aprender mucho. Necesitan estudiar materias como ciencias y matemáticas. ¡Y deben amar las aventuras!

Un viaje a Marte tendrá muchas cosas desconocidas. Eso significa que podría ocurrir cualquier cosa. Quienes piensen rápido y sean buenos en la resolución de problemas serán los mejores de la misión. Deben ser fuertes mentalmente, saludables físicamente y muy valientes.

Entonces, comienza la cuenta regresiva. Los científicos trabajan día y noche para llevar a los humanos a Marte. Pero primero hay que estudiar y planificar. Luego vendrá seguramente una misión exitosa.

Astronautas llevan a cabo pruebas en un modelo de nave espacial que en un futuro llevará a una tripulación a Marte.

EXPLOREMOS LAS MATEMÁTICAS

Julia es una piloto aviadora que quiere ser astronauta en la primera misión de la NASA a Marte. Los astronautas deben tener, cuando menos, 1,000 horas de experiencia como pilotos de aviones.

1. Julia tiene 200 horas de experiencia. ¿Cuántas horas más necesita? Escribe una ecuación y halla la solución. Usa h para representar la cantidad de horas.

2. Si Julia vuela 80 horas por mes, ¿cuántos meses tardará en llegar al requisito? Escribe una ecuación y halla la solución. Usa m para representar la cantidad de meses.

Resolución de problemas

　Luego de muchos meses viajando por el espacio, la tripulación a Marte finalmente tocará el planeta rojo. Armarán el Hab. Tendrán sus suministros y herramientas en orden. Pero entonces, ¡llegará el momento de trabajar! La tripulación deberá hacer investigaciones. Tendrá que trabajar afuera la mayor parte del tiempo. Mientras estén dentro de sus trajes espaciales, será seguro estar en el exterior. Los trajes les ayudarán a respirar. Tendrán suficiente oxígeno para que la tripulación trabaje en el exterior hasta 8 horas por vez.

1. ¿Cuántos minutos podrá trabajar la tripulación en el exterior antes de quedarse sin oxígeno?

2. Si un miembro de la tripulación necesita recolectar 40 muestras, ¿cuántos minutos puede tardar en tomar cada muestra antes de quedarse sin oxígeno? Escribe una ecuación y halla la solución. Usa m para representar la cantidad de minutos que podría tardar un miembro de la tripulación en recolectar cada muestra.

3. Imagina que los miembros de la tripulación descubren la manera de mejorar sus trajes espaciales. Ahora, pueden trabajar en el exterior durante 9 horas por vez. Supón que tardan la misma cantidad de minutos recolectando cada muestra. ¿Cuántas muestras más pueden recolectarse en esa hora extra? Escribe una ecuación y halla la solución. Usa s para representar la cantidad de muestras.

4. Dos miembros de la tripulación recolectaron 80 muestras en total. Dividen las muestras en partes iguales para llevarlas de regreso al Hab. En el camino de vuelta, cada uno recoge 5 muestras nuevas. ¿Cuántas muestras enviará cada uno?

Glosario

análogo: situación en la Tierra que imita los efectos físicos y mentales del espacio en los humanos

astronautas: personas que viajan al espacio

atmósfera: los gases que rodean un planeta o estrella

candidatos: personas que están siendo consideradas para un trabajo, puesto o premio

carga: artículos que se trasladan de un lado a otro en un vehículo por agua, aire o tierra

elipses: formas que parecen círculos aplastados

Estación Espacial Internacional: un satélite construido por humanos que orbita la Tierra y donde los astronautas realizan investigaciones espaciales

hábitat: el tipo de lugar donde las plantas y animales crecen o viven naturalmente

impulsar: empujar algo hacia delante

radiación: un tipo de energía poderosa que se produce por reacciones nucleares

rovers: vehículos que se usan para explorar las superficies de planetas o lunas

ultrasonido: un método para obtener imágenes del interior de un cuerpo mediante una máquina que produce ondas sonoras

Índice

Ártico, 13

atmósfera, 4

BioSuit, 22–23

Curiosity, 8–9, 18–19

espacio, 4, 6, 10, 12–13, 16, 28

Estación Espacial Internacional (EEI), 6–7, 15–16

Hab, 20–21, 28–29

invernadero, 13

Kelly, Scott, 6

Kornienko, Mijaíl, 6–7

NASA, 4, 6, 8, 10, 13–15, 17, 22, 27

Newman, Dava, 22–23

presión atmosférica, 4

radiación, 4, 6

rovers, 8–10, 18, 24

trajes espaciales, 4, 22, 28–29

Soluciones

Exploremos las matemáticas

página 9:
1. $200 \times d = 800$; $d = 4$ días
2. $100 \times d = 800$; $d = 8$ días

página 11:
1. 36 minutos
2. $2 \times 6 \times 7 = t$

página 13:
1. Las respuestas variarán, pero pueden incluir 10 plantas de guisantes × 10 tazones por planta = 100 tazones en total.
2. 99 tazones en total; la estimación es razonable

página 15:
1. Las respuestas variarán, pero pueden incluir $2 \times 200 = 400$ litros
2. $2 \times 240 = 480$ litros por día; la estimación es razonable

página 27:
1. $200 + h = 1{,}000$ o $1{,}000 - 200 = h$; $h = 800$ horas
2. $80 \times m = 800$ u $800 \div 80 = m$; $m = 10$ meses

Resolución de problemas

1. 480 minutos
2. $40 \times m = 480$ o $480 \div 40 = m$; $m = 12$ minutos por muestra
3. $12 \times s = 60$ o $60 \div 12 = s$; $s = 5$ muestras adicionales
4. 45 muestras cada uno